El ABC's
de los Arrecifes
de Coral

George Robinson Ph.D.

Published by: EnviroScribes
Mahopac, New York

Para los lebros de la naturaleza adicionales por el Dr. Robinson van a:

Naturebooksbygeorge.com

Bird Banding

ABC Guide to the Everglades

Estimado lector:

Trate de adivinar qué criatura de arrecife de coral está a punto de aparecer en los consejos ilustrados.

Buena Suerte!

Aa es para (Aquí hay una sugerencia)....

Aa es para los peces Angel

El cuerpo delgado y flexible de un pez **ángel** puede girar a través de espacios estrechos en el arrecife

Bb es para …..

Bb es para esponja **barril** gigante

La esponja **barril**, es una de las especies más grandes de esponja que se encuentran en el Caribe. Puede alcanzar un diámetro de 1,8 metros (6 pies).

Cc es para

Cc es para pez **cabra**

El pez **cabra** usan sus barbillas largas
para sondear el fondo marino para alimentarse.

Dd es para

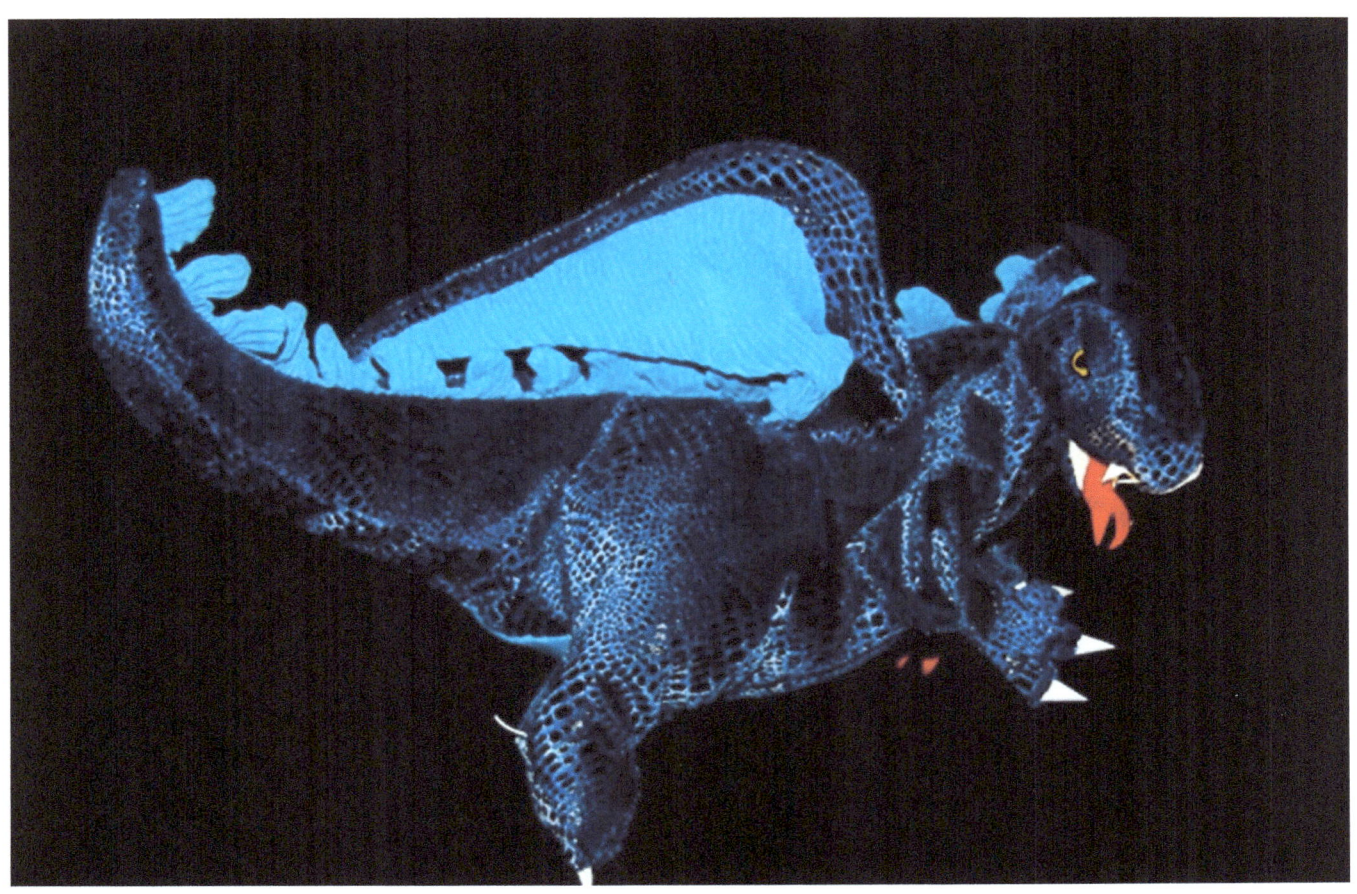

Dd es para caballito **dragón** de mar

El caballito **dragón** de mar se camufla fácilmente en el paisaje marino de arrecife.

Ee es para …..

Ee   es para para las **estrellas** de mar

La mayoría de las **estrellas** de mar pueden regenerar partes dañadas o brazos perdidos y pueden despojarse de brazos como un medio de defensa.

Ff es para …..

Ff   es para pez ángel **francés**

Peces ángel **franceses** pueden ser reconocidos por las burbujas de champán en su lado.

Gg es para …..

Gg   es para pez **gatillo**

Pescado **gatillo** agresivamente protege su nido. Un pez o submarinista que se acerca demasiado, será atacado o mordidos.

Hh es para …..

Hh es para los peces **halcón**

Hembras de peces **halcón** se transformarán en macho si el macho dominante muere.

Ii es para …..

Ii es para el señor **irlandés**

El señor **irlandés** rojo es muy común
en aguas de Alaska.

Jj es para

Jj es para basslets **joya** de hadas

El basslet joya de hadas se encuentra en el Mar Rojo
Egipcio.

Ll es para …..

Ll es para pez **león**

El pez **león** es muy tóxico si lo tocas.

Mm   es para …..

Mm es para peces **mariposa**

El ojo adicional en la parte posterior de los peces **mariposa** confunde a los predadores.

Nn es para …

Nn es para **naranja** pepino de mar

Este pepino **naranja** de mar tiene 10 tentáculos
que utiliza para alimentarse.

Oo es para…….

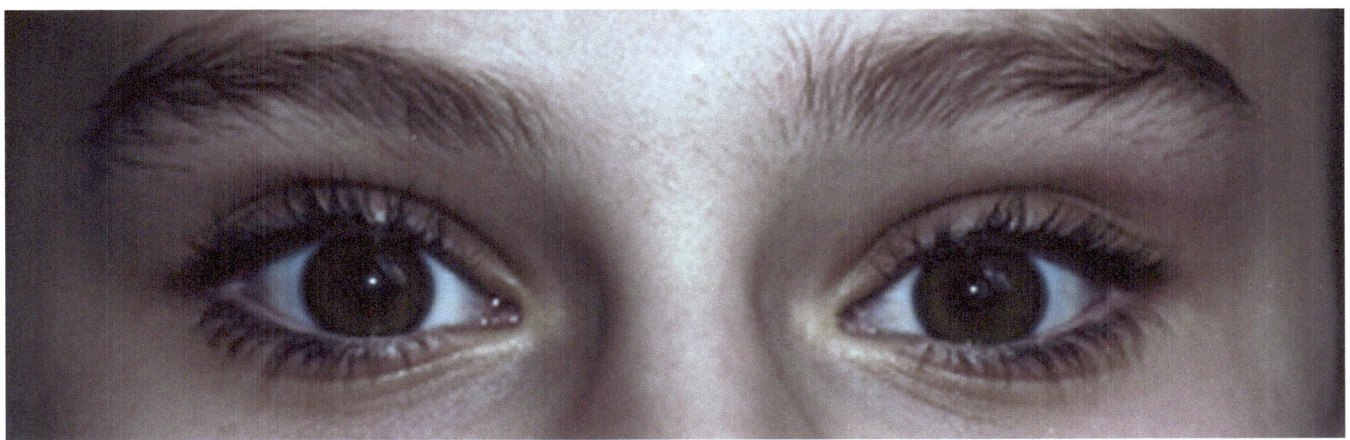

Oo   es para barrenderos **ojos** vidriosos

Barrenderos **ojos** vidriosos son nocturnos y buscan refugio bajo rocas o en las cuevas, rincones y grietas de los arrecifes.

Pp es para …..

Pp es para peces **payasos**

A los peces **payasos** les gusta remolcarse en anémonas.

Qq es para …..

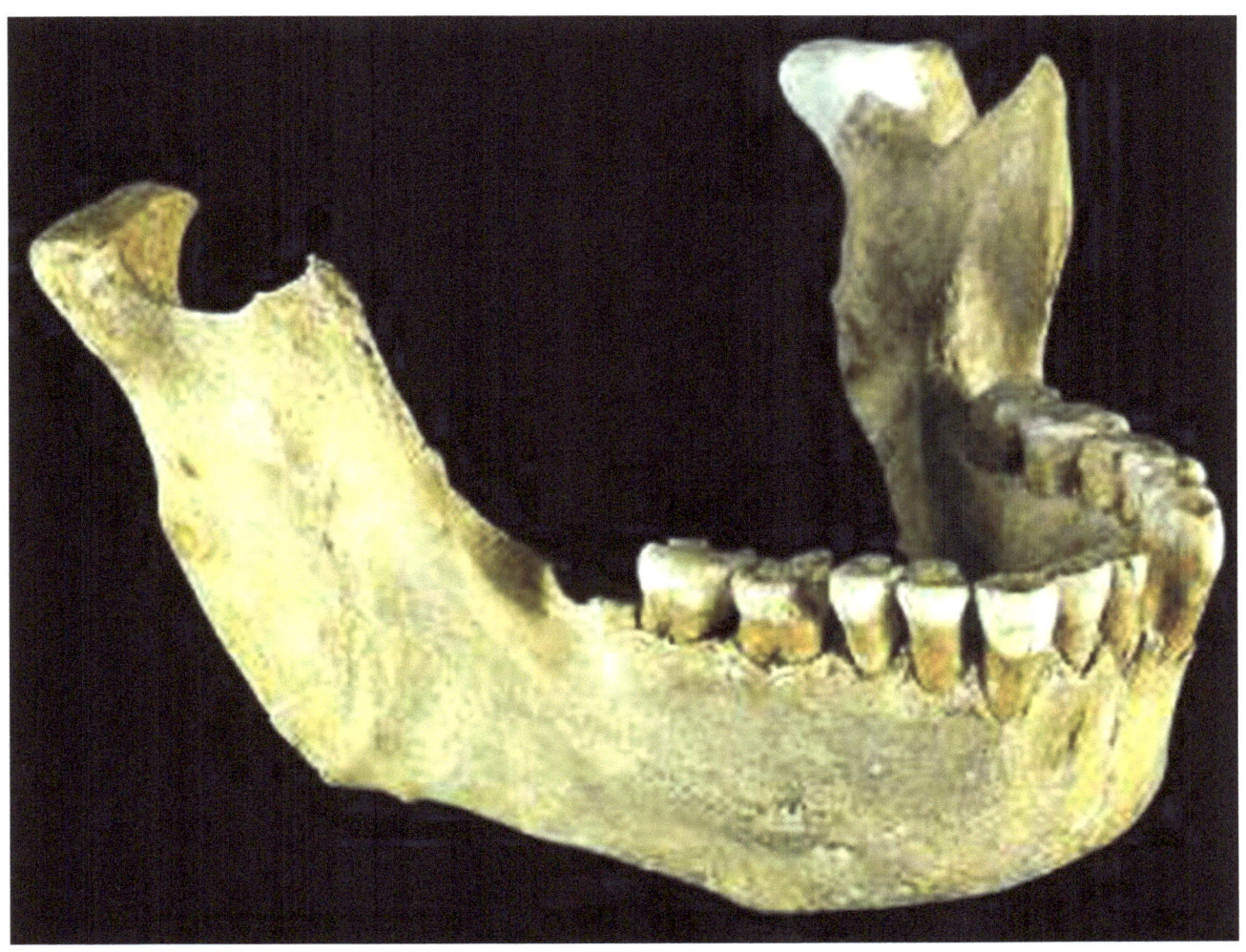

Qq es para pescado **quijada**

El pescado **quijada** incuba a sus crías en su boca.

Rr es para …..

Rr es para peces **rana**

Peces **rana** calman a sus presas en aparecer que son
parte del arrecife.

Entonces ¡BAM! Atacan.

Crédito de la foto: Stephen Frink.

Ss es para …..

Ss   es para peces **soldado** bar negro

El pez **soldado** se ve con frecuencia en las escuelas de natación muy bien organizados que y se dice que se parecen a las formaciones militares.

Tt es para …..

Tt   es para tiburón **tigre** de arena

Tiburones **tigre** de arena tienen una boca llena de dientes
que sobresalen en todas las direcciones.
Sin embargo, ellos no son agresivos.

Uu es para …..

Uu es para peces **unicornio**

Cuando lucha peces **unicornio**, no utilizan sus cuernos;
sino más bien, utilizan las maquinillas de afeitar en sus
colas.

Vv es para …..

Vv es par peces de vaca con cuernos

El pez **vaca** es reconoce por sus largos cuernos que sobresalen de la parte frontal de la cabeza, como en los de una vaca o un toro.

Xx es para…..

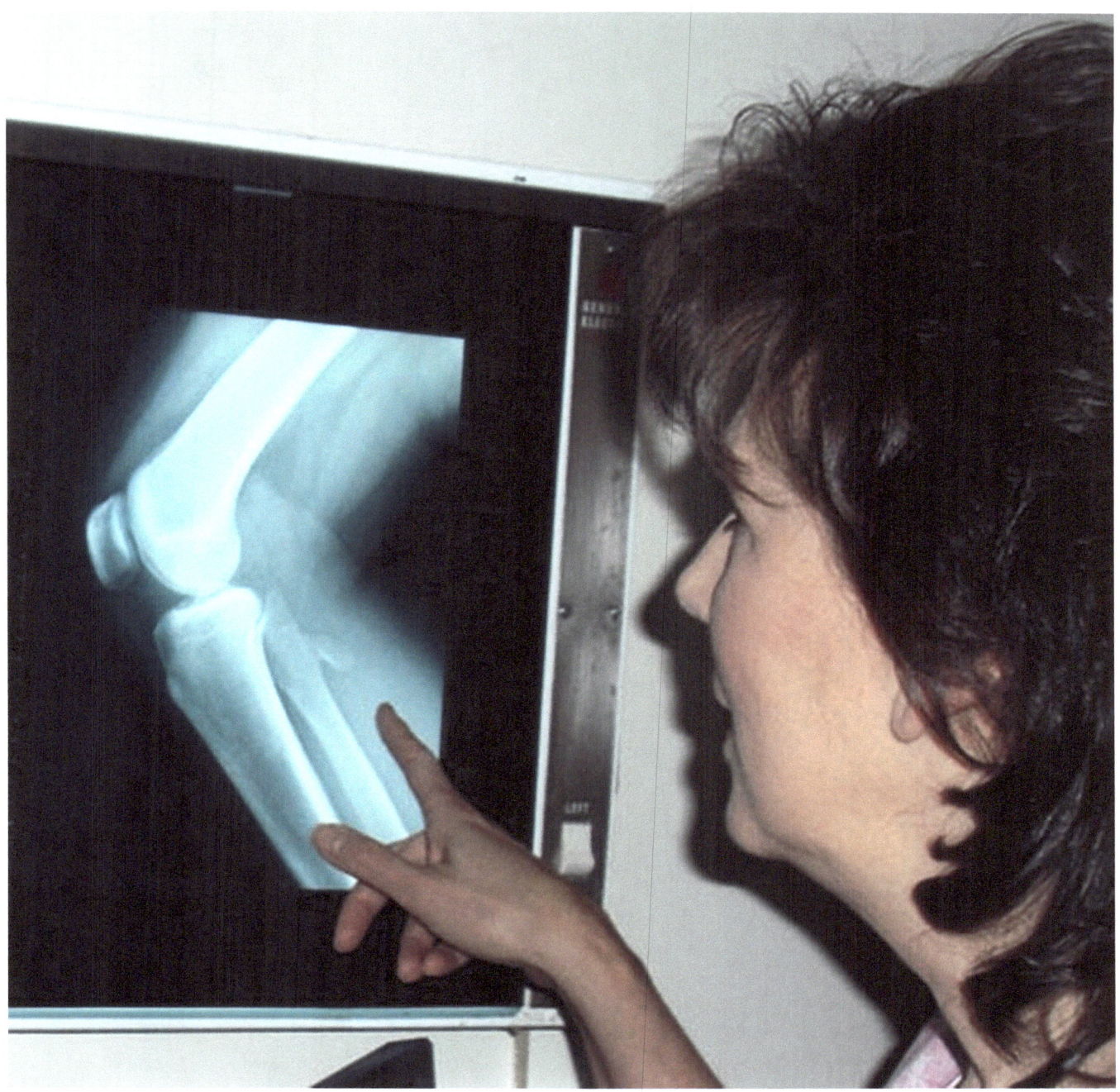

Xx es para peces **x-ray**

Peces de **rayos X** viven en aguas costeras cercanas a los arrecifes de coral. Científicos los usan para el estudio de polución.
Crédito de la foto: Richard Bar

Yy es para …..

Yy es para el pescado **yagure**

El pescado **yagure**, o mero soapfish de seis raya,
segrega un olor fétido líquido que puede dar vuelta el
estómago de cualquier persona.

Zz es para …..

Zz es para cara de **zorro**

Cuando amenazado, la cara del pez zorro mariposa
señala su aleta dorsal venenosa hacia su atacante como
una advertencia.

www.ingramcontent.com/pod-product-compliance
Lightning Source LLC
Chambersburg PA
CBHW041513280526
45792CB00004B/1236